AF589239

PAPIER
FRESSERCHEN
MIM-VERLAG
DIE BÜCHER MIT DEM DRACHEN

Impressum:

Besuchen Sie uns im Internet:
www.papierfresserchen.de


Mühlstraße 10, D- 88085 Langenargen
Telefon: 08382/9090344
info@papierfresserchen.de


Lektorat:
Melanie Wittmann

Herstellung: Redaktions- und Literaturbüro MTM
www.literaturredaktion.de

Titelbild und Illustrationen: Dr. M. Murat Gözübüyük

Den Song zu Kate & Dr. Amos finden alle Interessierten auf Youtube:
https://youtu.be/sEtjtYBHY5E

oder auf der Verlagsseite zum Buch.

Gedruckt in Polen

ISBN: 978-3-86196-794-1 - Taschenbuch

Zahnarzt med. dent. M. Murat Gözübüyük

# Kate & Dr. Amos

Eine Zahnarztgeschichte

Kate: „Papa, Tim sagt, alle Zahnärzte seien Monster. Warum muss ich überhaupt zum Zahnarzt gehen?"
Papa: „Um gesund zu bleiben und weiterhin schöne Zähne zu haben, müssen wir regelmäßig zum Zahnarzt gehen. Erinnerst du dich an Dr. Brown? Du warst sehr tapfer, als er dir eine Spritze gegeben hat."

Kate: „Kann nicht Dr. Brown meine Zähne untersuchen? Ich mag ihn."
Papa: „Dr. Brown ist kein Zahnarzt, nur Zahnärzte untersuchen unsere Zähne. Es ist Zeit für dich, Dr. Amos zu treffen. Und du wirst sehen, dass er kein Monster ist. Lass uns einen Termin bei ihm ausmachen, in Ordnung? Du kannst gemeinsam mit deiner Mutter hingehen, mein Schatz."

Kate: „Was wird er mit mir machen?"
Papa: „Zuerst einmal wird er dir nur in den Mund schauen und dir erklären, was er sieht."
Kate: „Wie?"
Papa: „Du sitzt in einem beweglichen Stuhl und er wird mithilfe eines kleinen Spiegels deine Zähne untersuchen."

Kate: „Wie kann er denn alle meine Zähne sehen?"
Papa: „Er benutzt eine spezielle Lampe, weil es in deinem Mund sehr dunkel ist. Und mit seinem Spiegel kann er all deine Zähne von innen und außen betrachten. Außerdem hat er ein Instrument, um Karies zu kontrollieren. Wenn du irgendwo Löcher hast, kann er damit herausfinden, wie tief sie sind."

Kate: „Aber ich putze meine Zähne jeden Tag und habe keine Schmerzen, Papa."
Papa: „Ja, dann wirst du wohl sehr schnell fertig sein. Doch nach deinem Besuch dort würde ich gerne wissen, was du über Dr. Amos und seine Zahnarztpraxis denkst."

***Am nächsten Tag am Empfangstresen der Zahnarztpraxis.***

Kate: „Warum riecht es hier so komisch, Mama?“
Mama: „Nun ja, eine Zahnarztpraxis muss ein sehr sauberer Ort sein, und um alle Keime abzutöten, benutzt man spezielle Desinfektionsmittel, die wir zu Hause nicht haben.“

Arzthelferin: „Hallo, du musst Kate sein, ich bin Susan und assistiere dem Arzt. Du bist sehr pünktlich. Bitte warte noch eine Weile mit deiner Mutter im Wartezimmer. Ich sage dem Arzt, dass du hier bist, und werde dich dann ins Behandlungszimmer führen.“

DR. AMOS
DENTIST

Dr. Amos: „Hallo Kate. Ich bin Dr. Amos. Bevor ich deine Zähne untersuche, würde ich gerne ein Spiel mit dir spielen, das uns hilft, mehr über Zähne zu erfahren."
Kate: „Okay."

Dr. Amos: „Schau, ich habe hier eine spezielle Vase. Gib mir mal deine Hand, wir werden an diesem magischen Gefäß reiben und *Smilesmile* sagen. Dann lass uns sehen, was passiert."

Dr. Amos und Kate: „Smilesmile!"

***Und prompt erscheint in einer weißen Rauchwolke ein Flaschengeist in Form eines großen Zahns.***

Flaschengeist: „Willkommen, Kate, ich bin Smilesmile, der Geist dieses Gefäßes. Dr. Amos, Sie begehren, dass ich einen Auftrag für Sie erledige. Sagen Sie mir, was ich tun kann."

Dr. Amos: „Ja, Smilesmile. Meine kleine Patientin Kate ist zum ersten Mal in meiner Praxis. Ich würde ihr gerne einen Kindermund zeigen. Könntest du uns vielleicht klein genug machen, um uns in den Mund eines kleinen Schleckermauls zu befördern?"

Flaschengeist: „Selbstverständlich, Dr. Amos. Wie ich bereits gesagt habe: Ihr Wunsch ist mir Befehl. Um kleiner zu werden, müsst ihr beide *Zucker, Zucker* sagen. Und um zurückzukehren: *Putz, putz, nie mehr wieder Schmutz*."

Dr. Amos und Kate: „Zucker, Zucker."

Und sofort werden die beiden so klein wie Erbsen ... und finden sich selbst im Mund eines naschhaften Kindes wieder.

Kate: „Dr. Amos, wo sind wir? Was sind das für weiße Hügel?“
Dr. Amos: „Das sind Zähne, Kate. Der Ober- und der Unterkiefer passen genau zusammen, wenn wir kauen, sodass wir unsere Nahrung zermahlen und leicht hinunterschlucken können.“
Kate: „Oh, da ist ein großes schwarzes Loch. Und es riecht schrecklich.“
Dr. Amos: „Unglücklicherweise hat dieses Kind seine Zähne nicht sehr gründlich gereinigt, sodass Keime Karies verursacht haben. Auf diese Weise bleibt leicht Essen in dem Loch stecken, die Karies breitet sich aus und verursacht Schmerzen.“
Kate: „Oh, ist das weiche Zeug da ein Stück Essen?“
Dr. Amos: „Ja, das sind Essensreste, die sich in dem Loch verfangen haben, wo die Zahnbürste nicht hingelangt. Es riecht schlecht und außerdem schmerzt es. Essen macht dann keinen Spaß mehr. Wo man Essensreste findet, findet man auch Keime und diese machen Karies tiefer und tiefer.“

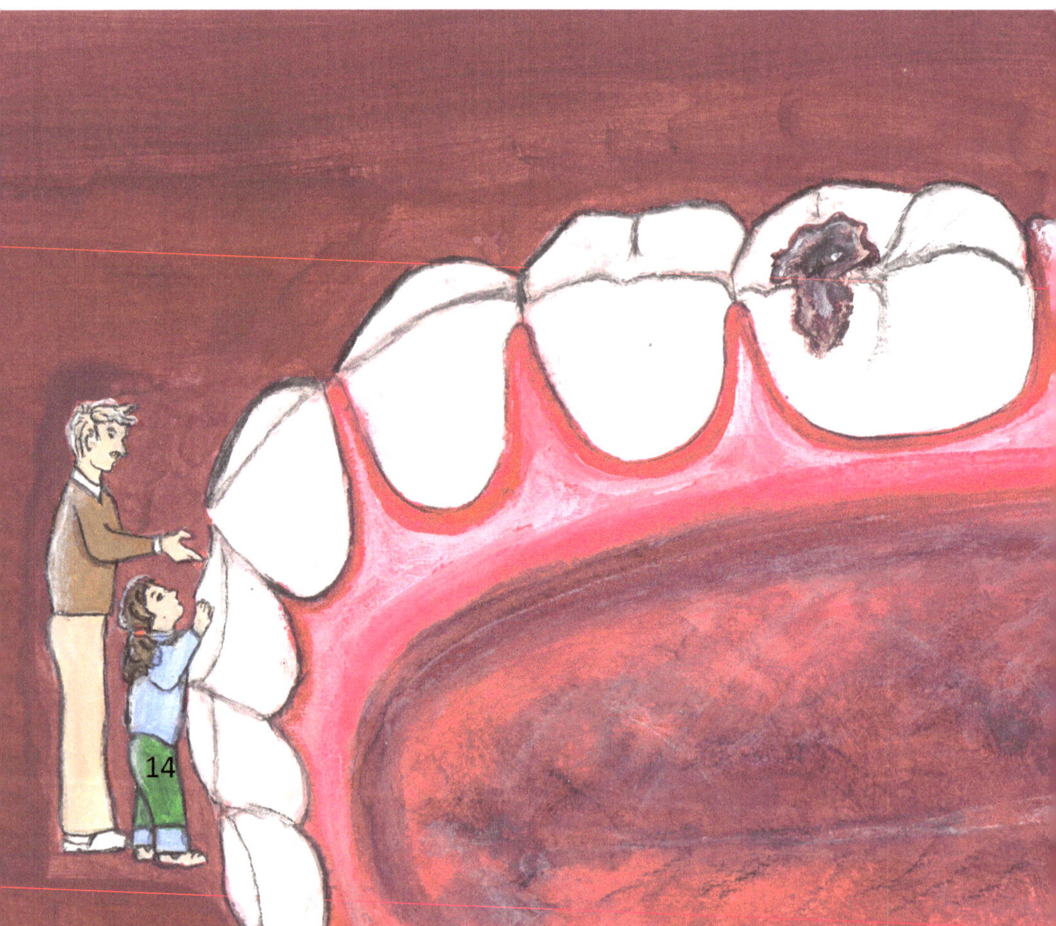

Kate: „Was ist das weiße Ding?“
Dr. Amos: „Das ein Stück Marshmallow, Keime lieben Süßigkeiten, weil sie ihnen helfen, sich schneller auszubreiten.“
Kate: „Warum ist es dort drüben rot?“
Dr. Amos: Das ist die Lücke zwischen den Zähnen, auch Zahnfleisch genannt, das geschwollen ist. Geschwollenes Zahnfleisch ist sehr empfindlich und kann leicht zu bluten anfangen. Es ist schade, dass dieses Kind nicht besser auf seine Zähne aufgepasst hat.“
Kate: „Oh, Dr. Amos, dieses Kind braucht Sie wirklich ziemlich dringend, glaube ich.“
Dr. Amos: „Ja, du hast recht, Kate. Wir haben genug gesehen, lass uns in meine Praxis zurückkehren. Erinnerst du dich, was du sagen musst?“
Kate nickt und zusammen sprechen sie: „Putz, putz, nie mehr wieder Schmutz.“

***Und unversehens sind sie zurück in der Praxis.***

Kate: „Oh, es ist schön, zurück zu sein. Dr. Amos, würden Sie bitte einen Blick auf meine Zähne werfen? Ich hoffe, sie sind nicht so schlimm wie die, die wir eben gesehen haben.“
Dr. Amos: „Komm, Kate, setz dich in meinen speziellen Behandlungsstuhl. Er kann nach oben und unten, nach hinten und vorne bewegt werden. So kann ich besser sehen, was in deinem Mund vor sich geht. Und du sitzt bequemer.“

***Im Behandlungsraum sitzt Kate im Spezialstuhl, die Arzthelferin direkt neben ihr.***

Dr. Amos: „Das ist ein kleiner Spiegel und das ist eine Sonde. Mit diesem Spiegel kann ich jede Seite deiner Zähne gut betrachten. So, Kate, bitte öffne deinen Mund, so weit du kannst. Oh, du hast ja sehr schöne Zähne. Aber ich sehe ein kleines Loch in deinem unteren rechten Zahn. Mach dir keine Sorgen, es ist wirklich winzig. Du hast Glück, dass du gerade noch rechtzeitig gekommen bist, Kate, sonst hätte sich die Karies ausgebreitet und du hättest ungeheure Schmerzen gehabt. Erinnere dich an unseren Ausflug.“
Kate: „Wenn ich meine Zähne besser putze, wird dann die Karies weggehen?“

Dr. Amos: „Unglücklicherweise nicht. Ich werde das Loch säubern und eine schöne Füllung einpassen. Dann kannst du diesen Zahn benutzen wie deine anderen gesunden. Aber natürlich, wenn du deine Zähne richtig putzt und mich regelmäßig aufsuchst, wirst du nicht noch einmal eine solch unschöne Überraschung erleben.“

Spiegel
Sonde
Bohrer

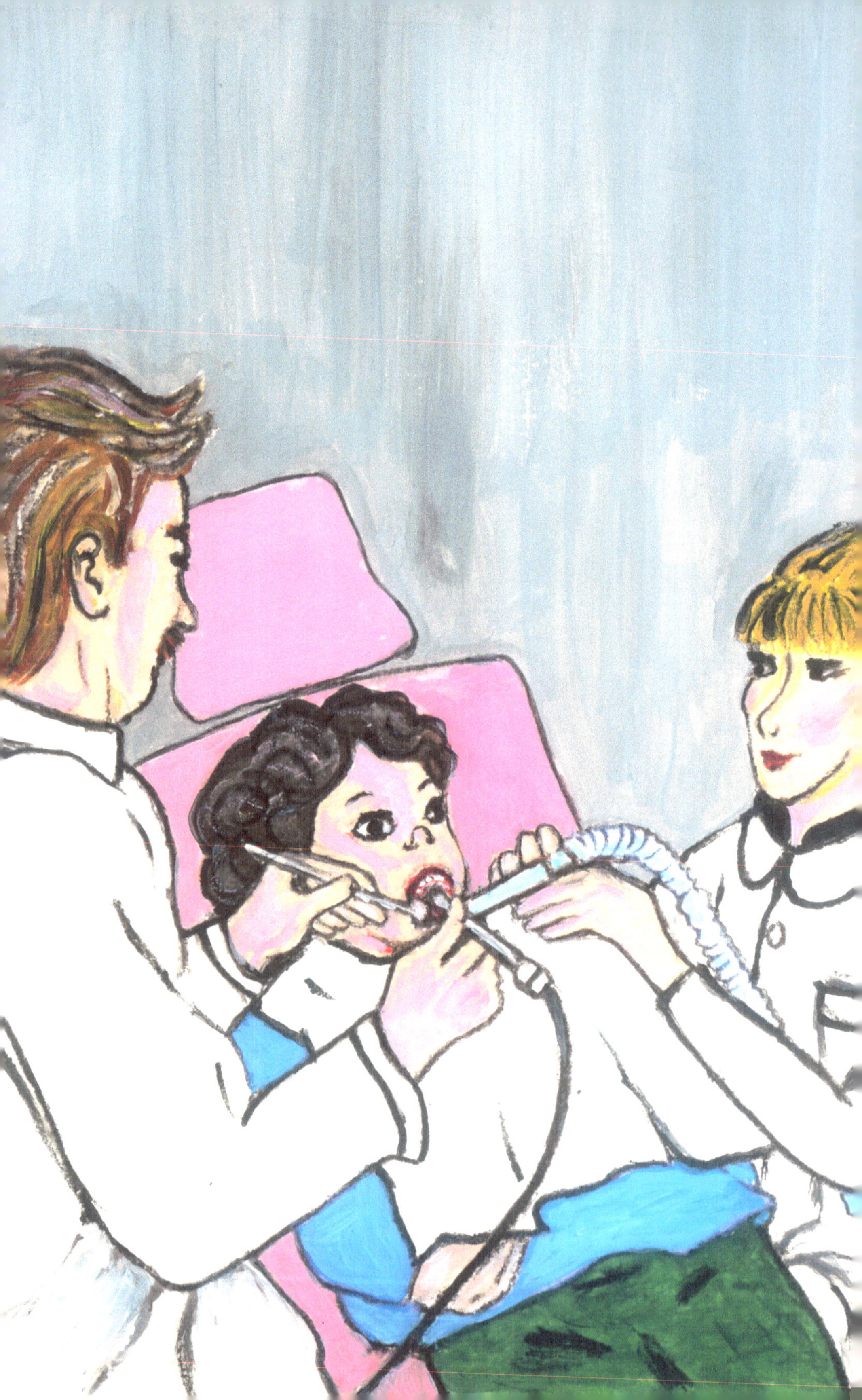

Kate: „Wie werden Sie es säubern?“
Dr. Amos: „Schau, ich habe hier einen Bohrer und er spritzt Wasser wie in einer Dusche. Mithilfe dieses Bohrers reinige ich das Loch.“

Arzthelferin: „Weil so sehr viel Wasser in deinen Mund gelangt, werde ich es mit diesem Schlauch absaugen. Er sieht ein bisschen aus wie der Staubsauger deiner Mutter. Ich zeige dir, wie es funktioniert. Erst einmal befülle ich dieses Glas mit Wasser und nun schau, wie ich es aufsaugen kann.“

Kate: „Oh, das muss sich lustig anfühlen. Wie lange wird es dauern, werde ich mich langweilen?“
Dr. Amos: Das glaube ich nicht. Wir können außerdem jederzeit eine Pause machen, wenn du es willst, Kate. Heb dann einfach nur deine linke Hand und ich werde sofort aufhören.“
Kate: „Okay, Dr. Amos, legen Sie los!“

***Bevor Dr. Amos beginnt, hebt sie bereits die Hand.***

Dr. Amos: „Kate, wir haben noch gar nicht angefangen.“
Kate: „Ich weiß, ich habe Sie nur getestet.“

***Nach dem Reinigen gibt Dr. Amos Kate einen Spiegel und zeigt ihr das saubere Loch.***

Kate: „Werden Sie jetzt die Füllung hineingeben? Was ist die Füllung überhaupt?"
Dr. Amos: „Die Füllung kommt in das durch Karies verursachte Loch, sie schützt den Zahn und lässt keine Bakterien hinkommen, so kannst du wieder normal essen. Bitte mach deinen Mund weit auf, weil der Speichel nicht in das Loch gelangen darf. Sonst müssten wir wieder von vorne anfangen."

Dr. Amos

***Dr. Amos hat die zahnfarbene Füllung erfolgreich eingesetzt.***

„Wir sind fertig. Wie fandest du die Behandlung, Kate? Hat es wehgetan?"
Kate: „Nur ein bisschen. Es hat mich überhaupt nicht gestört."

Dr. Amos: „Hier ist noch mal der Spiegel. Wirf einen Blick hinein."
Kate: „Wow, ich kann die Füllung ja gar nicht sehen, der Zahn ist so gut wie neu. Danke, Dr. Amos."

Dr. Amos: „Danke dir, Kate, weil du so geduldig und hilfreich warst. Du hast dir ein Geschenk verdient.“

Die Arzthelferin bringt eine Kiste mit Spielsachen und anderen Dingen und sagt: „Du darfst dir ein Geschenk aus der Kiste aussuchen, Kate."
Kate: „Oh, ich hätte gern den Ring mit dem roten Stein."
Arzthelferin: „Hier hast du ihn."
Kate: „Vielen Dank. Und noch mal danke, Dr. Amos. Ich werde zur nächsten Kontrolluntersuchung in einem halben Jahr kommen."

Arzthelferin: „Ich wollte dich noch einmal daran erinnern, dass das Essen von Süßigkeiten eines der schädlichsten Dinge für die Zähne ist. Die Keime in deinem Mund nutzen den Zucker, um Säuren zu bilden, die deine Zähne schädigen. Also bitte, so wenig Süßigkeiten wie möglich und hinterher immer sofort die Zähne putzen."

Kate: „Ja, ich werde sehr vorsichtig sein mit Süßigkeiten und meine Zähne gründlich putzen."

Dr. Amos: „Auf Wiedersehen, Kate."

***Kate verlässt den Raum und geht nach draußen zu ihrer Mutter.***

Kate: „Mama, Dr. Amos ist ein großartiger Zahnarzt. Ich bin sehr glücklich, dass meine Zähne jetzt gesund sind."
Mama: „Ich gratuliere dir, Kate. Ich bin sehr stolz auf dich."

# Kate & Dr. Amos

Many thanks to Mary Guziejka
for the lovely music!

# The author

**Dr. M. Murat Gözübüyük**

wurde 1948 geboren und lebt heute als pensionierter Zahnarzt in der Türkei.

Die Bilder des Hobbymalers wurden bereits in zwei Ausstellungen präsentiert. Als Kinderliebhaber und Maler schreibt und illustriert er Kinderbücher.

www.ingramcontent.com/pod-product-compliance
Ingram Content Group UK Ltd.
Pitfield, Milton Keynes, MK11 3LW, UK
UKHW061025310726
14090UKWH00023B/103

* 9 7 8 3 8 6 1 9 6 7 9 4 1 *